Todos los libros de Linkgua Ediciones cuentan con modelos de Inteligencia Artificial entrenados por hispanistas. Pregúntale al chat de tu libro lo que desees acerca de la obra o su autor/a.

Para ebooks: Accede a nuestro modelo de IA a través de este enlace.

Para libros impresos: Escanea el código QR de la portada con tu dispositivo móvil.

Obtén análisis detallados de nuestros libros, resúmenes, respuestas a tus preguntas y accede a nuestras ediciones críticas generativas para una experiencia de lectura más enriquecedora.
La transparencia y el respeto hacia la autoría de las fuentes utilizadas son distintivos básicos de nuestro proyecto. Por ello, las respuestas ofrecen, mediante un sistema de citas, las fuentes con las que han sido elaboradas.

César Vallejo

España, aparta de mí este cáliz

Barcelona 2024
Linkgua-ediciones.com

Créditos

Título original: España aparta de mí este cáliz.

Diseño de la colección: Michel Mallard.

ISBN rústica ilustrada: 978-84-9007-133-5.
ISBN tapa dura: 978-84-1126-692-5.
ISBN ebook: 978-84-9897-487-4.

Sumario

Brevísima presentación

La vida

César Abraham Vallejo Mendoza (Santiago de Chuco, 1892-1938, París). Perú.

Sus padres eran Francisco de Paula Vallejo Benítez y María de los Santos Mendoza Gurrionero. Fue el menor de once hermanos. Su tez mestiza se debe que sus abuelas fueron indias y sus abuelos sacerdotes gallegos. Sus padres querían dedicarlo al sacerdocio, lo que él en su primera infancia aceptó.

Vallejo estudió en el Centro Escolar N.º 271 de Santiago de Chuco, y desde abril de 1905 hasta 1909 hizo la secundaria en el Colegio Nacional San Nicolás de Huamachuco. En 1910 se matriculó en la Facultad de Letras de la Universidad Nacional de Trujillo y en 1911 viajó a Lima para estudiar en la Escuela de Medicina de San Fernando. Tras varios trabajos, Vallejo terminó en 1915 la carrera de Letras.

En 1916 frecuentó la juventud intelectual de la «bohemia trujillana» y se enamoró de María Rosa Sandoval. En 1917 conoció a «Mirto» (Zoila Rosa Cuadra), pero el romance duró poco y al parecer César intentó suicidarse tras un desengaño. Poco después se embarcó en el vapor Ucayali con rumbo a Lima donde conoció a lo más selecto de la intelectualidad limeña. Llegó a entrevistarse con José María Eguren y con Manuel González Prada, a quien los jóvenes consideraban un maestro y guía. Asimismo, publicó algunos de sus poemas en la *Revista Suramérica.*

En 1918 trabajó en el colegio Barros y tras la muere de su director, Vallejo se hizo cargo de la dirección del mismo. Luego, en 1919 fue profesor en el Colegio Guadalupe. Ese año ven la luz los poemas de *Los Heraldos Negros*, que muestran cierta influencia modernista.

Su madre murió en 1918 y al volver a Santiago de Chuco Vallejo fue encarcelado durante 105 días, acusado de haber participado en el saqueo de una casa. En la cárcel escribió la mayoría de los poemas de *Trilce* y en 1921 recibió la libertad condicional. Entonces fue admitido otra vez en el Colegio Guadalupe.

Con el dinero que le debía el Ministerio de Educación se marchó a Europa en el vapor Oroya el 17 de junio de 1923 y llegó a París el 13 de julio.

En París hizo amistad con Juan Larrea y Vicente Huidobro; y tuvo contacto con Pablo Neruda y Tristán Tzara.

En 1926 conoció a Henriette Maisse, con quien convivió hasta octubre de 1928. Fundó junto al poeta español Juan Larrea una revista mientras colaboraba con *Variedades* y *Amauta*, la revista de José Carlos Mariátegui. Por entonces profundizó en sus estudios de marxismo. En 1927 conoció a Georgette Marie Philippart Travers y ese año viajó a Rusia.

Hacia 1929 mantiene sus colaboraciones con *Variedades*, *Mundial* y el diario *El Comercio*. En 1930 el gobierno español le concedió una modesta beca para escritores. Poco después viajó a la Unión Soviética para participar en el Congreso Internacional de Escritores Solidarios con el régimen soviético. Tras su regreso a París se casó con Georgette Philippart en 1934 y se integró en el Partido Comunista del Perú fundado por Mariátegui. En 1937 Vallejo y Neruda fundaron en España el Grupo Hispanoamericano de Ayuda a España, en plena Guerra Civil.

En 1938 trabajó profesor de Lengua y Literatura, pero en marzo sufrió un agotamiento físico. El 24 de marzo fue internado por una enfermedad desconocida. Murió en París el 15 de abril de 1938.

España, aparta de mí este cáliz

I. Himno a los voluntarios de la República

Voluntario de España, miliciano
de huesos fidedignos, cuando marcha a morir tu
corazón,
cuando marcha a matar con su agonía
mundial, no sé verdaderamente
qué hacer, dónde ponerme; corro, escribo, aplaudo,
lloro, atisbo, destrozo, apagan, digo
a mi pecho que acabe, al que bien, que venga,
y quiero desgraciarme;
descúbrome la frente impersonal hasta tocar
el vaso de la sangre, me detengo,
detienen mi tamaño esas famosas caídas de arquitecto
con las que se honra el animal que me honra;
refluyen mis instintos a sus sogas,
humea ante mi tumba la alegría
y, otra vez, sin saber qué hacer, sin nada, déjame,
desde mi piedra en blanco, déjame,
solo,
cuadrumano, más acá, mucho más lejos,
al no caber entre mis manos tu largo rato extático,
quiebro con tu rapidez de doble filo
mi pequeñez en traje de grandeza!

Un día diurno, claro, atento, fértil
¡oh bienio, el de los lóbregos semestres suplicantes,
por el que iba la pólvora mordiéndose los codos!
¡oh dura pena y más duros pedernales!
¡oh frenos los tascados por el pueblo!
Un día prendió el pueblo su fósforo cautivo, oró de
cólera

y soberanamente pleno, circular,
cerró su natalicio con manos electivas;
arrastraban candado ya los déspotas
y en el candado, sus bacterias muertas...

¿Batallas? ¡No! Pasiones. Y pasiones precedidas
de dolores con rejas de esperanzas,
¡de dolores de pueblos con esperanzas de hombres!
¡Muerte y pasión de paz, las populares!
¡Muerte y pasión guerreras entre olivos,
entendámonos!
Tal en tu aliento cambian de agujas atmosféricas los
vientos
y de llave las tumbas en tu pecho,
tu frontal elevándose a primera potencia de martirio.

El mundo exclama: «¡Cosas de españoles!» Y es
verdad.
Consideremos,
durante una balanza, a quemarropa,
a Calderón, dormido sobre la cola de un anfibio
muerto
o a Cervantes, diciendo: «Mi reino es de este mundo,
pero
también del otro»: ¡punta y filo en dos papeles!
Contemplemos a Goya, de hinojos y rezando ante un
espejo,
a Coll, el paladín en cuyo asalto cartesiano
tuvo un sudor de nube el paso llano
o a Quevedo, ese abuelo instantáneo de los
dinamiteros
o a Cajal, devorado por su pequeño infinito, o
todavía

a Teresa, mujer que muere porque no muere
o a Lina Odena, en pugna en más de un punto con
Teresa...
(Todo acto o voz genial viene del pueblo
y va hacia él, de frente o transmitidos
por incesantes briznas, por el humo rosado
de amargas contraseñas sin fortuna.)
Así tu criatura, miliciano, así tu exangüe criatura,
agitada por una piedra inmóvil,
se sacrifica, apártase,
decae para arriba y por su llama incombustible sube,
sube hasta los débiles,
distribuyendo españas a los toros,
toros a las palomas...

Proletario que mueres de universo, ¡en qué frenética
armonía
acabará tu grandeza, tu miseria, tu vorágine
impelente,
tu violencia metódica, tu caos teórico y práctico, tu
gana
dantesca, españolísima, de amar, aunque sea a traición,
a tu enemigo!

¡Liberador ceñido de grilletes,
sin cuyo esfuerzo hasta hoy continuaría sin asas la
extensión,
vagarían acéfalos los clavos,
antiguo, lento, colorado, el día,
nuestros amados cascos, insepultos!
¡Campesino caído con tu verde follaje por el hombre,
con la inflexión social de tu meñique,
con tu buey que se queda, con tu física,

también con tu palabra atada a un palo
y tu cielo arrendado
y con la arcilla inserta en tu cansancio
y la que estaba en tu uña, caminando!
¡Constructores
agrícolas, civiles y guerreros,
de la activa, hormigueante eternidad: estaba escrito
que vosotros haríais la luz, entornando
con la muerte vuestros ojos;
que, a la caída cruel de vuestras bocas,
vendrá en siete bandejas la abundancia, todo
en el mundo será de oro súbito
y el oro,
fabulosos mendigos de vuestra propia secreción de
sangre,
y el oro mismo será entonces de oro!

¡Se amarán todos los hombres
y comerán tomados de las puntas de vuestros pañuelos
tristes
y beberán en nombre
de vuestras gargantas infaustas!
Descansarán andando al pie de esta carrera,
sollozarán pensando en vuestras órbitas, venturosos
serán y al son
de vuestro atroz retorno, florecido, innato,
ajustarán mañana sus quehaceres, sus figuras soñadas y
cantadas!

¡Unos mismos zapatos irán bien al que asciende
sin vías a su cuerpo
y al que baja hasta la forma de su alma!

¡Entrelazándose hablarán los mudos, los tullidos
andarán!
¡Verán, ya de regreso, los ciegos
y palpitando escucharán los sordos!
¡Sabrán los ignorantes, ignorarán los sabios!
¡Serán dados los besos que no pudisteis dar!
¡Solo la muerte morirá! ¡La hormiga
traerá pedacitos de pan al elefante encadenado
a su brutal delicadeza; volverán
los niños abortados a nacer perfectos, espaciales
y trabajarán todos los hombres,
engendrarán todos los hombres,
comprenderán todos los hombres!

¡Obrero, salvador, redentor nuestro,
perdónanos, hermano, nuestras deudas!
Como dice un tambor al redoblar, en sus adagios:
qué jamás tan efímero, tu espalda!
qué siempre tan cambiante, tu perfil!

¡Voluntario italiano, entre cuyos animales de
batalla
un león abisinio va cojeando!
¡Voluntario soviético, marchando a la cabeza de tu
pecho universal!
¡Voluntarios del sur, del norte, del oriente
y tú, el occidental, cerrando el canto fúnebre del alba!
¡Soldado conocido, cuyo nombre desfila en el sonido de
un abrazo!
¡Combatiente que la tierra criara, armándote
de polvo,
calzándote de imanes positivos,
vigentes tus creencias personales,

distinto de carácter, íntima tu férula,
el cutis inmediato,
andándote tu idioma por los hombros
y el alma coronada de guijarros!
¡Voluntario fajado de tu zona fría,
templada o tórrida,
héroes a la redonda,
víctima en columna de vencedores:
en España, en Madrid, están llamando
a matar, voluntarios de la vida!

¡Porque en España matan, otros matan
al niño, a su juguete que se para,
a la madre Rosenda esplendorosa,
al viejo Adán que hablaba en alta voz con su caballo
y al perro que dormía en la escalera.
Matan al libro, tiran a sus verbos auxiliares,
a su indefensa página primera!
Matan el caso exacto de la estatua,
al sabio, a su bastón, a su colega,
al barbero de al lado —me cortó posiblemente,
pero buen hombre y, luego, infortunado;
al mendigo que ayer cantaba enfrente,
a la enfermera que hoy pasó llorando,
al sacerdote a cuestas con la altura tenaz de sus
rodillas...

¡Voluntarios,
por la vida, por los buenos, matad
a la muerte, matad a los malos!
¡Hacedlo por la libertad de todos,
del explotado, del explotador,
por la paz indolora —a sospecho

cuando duermo al pie de mi frente
y más cuando circulo dando voces—
y hacedlo, voy diciendo,
por el analfabeto a quien escribo,
por el genio descalzo y su cordero,
por los camaradas caídos,
sus cenizas abrazadas al cadáver de un camino!

Para que vosotros,
voluntarios de España y del mundo, vinierais,
soñé que era yo bueno, y era para ver
vuestra sangre, voluntarios...
De esto hace mucho pecho, muchas ansias,
muchos camellos en edad de orar.
Marcha hoy de vuestra parte el bien ardiendo,
os siguen con cariño los reptiles de pestaña
inmanente
y, a dos pasos, a uno,
la dirección del agua que corre a ver su límite antes que
arda.

II. Batallas

Hombre de Extremadura,
oigo bajo tu pie el humo del lobo,
el humo de la especie,
el humo del niño,
el humo solitario de dos trigos,
el humo de Ginebra, el humo de Roma, el humo de
Berlín
y el de París y el humo de tu apéndice penoso
y el humo que, al fin, sale del futuro.
¡Oh vida! ¡Oh tierra! ¡Oh España!
¡Onzas de sangre,
metros de sangre, líquidos de sangre,
sangre a caballo, a pie, mural, sin diámetro,
sangre de cuatro en cuatro, sangre de agua
y sangre muerta de la sangre viva!

Extremeño, ¡oh no ser aún ese hombre
por el que te mató la vida y te parió la muerte
y quedarse tan solo a verte así, desde este lobo,
cómo sigues arando en nuestros pechos!
¡Extremeño, conoces
el secreto en dos voces, popular y táctil,
del cereal: ¡que nada vale tanto
una gran raíz en trance de otra!
Extremeño acodado, representando el alma en su
retiro
acodado a mirar
el caber de una vida en una muerte!

iExtremeño, y no haber tierra que hubiere

el peso de tu arado, ni más mundo
que el color de tu yugo entre dos épocas; no haber
el orden de tus póstumos ganados!
¡Extremeño, dejásteme
verte desde este lobo, padecer,
pelear por todos y pelear
para que el individuo sea un hombre,
para que los señores sean hombres,
para que todo el mundo sea un hombre, y para
que hasta los animales sean hombres,
el caballo, un hombre,
el reptil, un hombre,
el buitre, un hombre honesto,
la mosca, un hombre, y el olivo, un hombre
y hasta el ribazo, un hombre
y el mismo cielo, todo un hombrecito!

Luego, retrocediendo desde Talavera,
en grupos de uno a uno, armados de hambre, en masas
de a uno,
armados de pecho hasta la frente,
sin aviones, sin guerra, sin rencor,
el perder a la espalda,
y el ganar
más abajo del plomo, heridos mortalmente de honor,
locos de polvo, el brazo a pie,
amando por las malas,
ganando en español toda la tierra,
retroceder aún, y no saber
dónde poner su España,
dónde ocultar su beso de orbe,
dónde plantar su olivo de bolsillo!

Mas desde aquí, más tarde,
desde el punto de vista de esta tierra,
desde el duelo al que fluye el bien satánico,
se ve la gran batalla de Guernica.
¡Lid a priori, fuera de la cuenta,
lid en paz, lid de las almas débiles
contra los cuerpos débiles, lid en que el niño pega,
sin que le diga nadie que pegara,
bajo su atroz diptongo
y bajo su habilísimo pañal,
y en que la madre pega con su grito, con el dorso de
una lágrima
y en el que el enfermo pega con su mal, con su pastilla
y su hijo
y en que el anciano pega
con sus canas, sus siglos y su palo
y en que pega el presbítero con dios!
Tácitos defensores de Guernica!
¡oh débiles!
¡oh suaves ofendidos
que os eleváis, crecéis,
y llenáis de poderosos débiles el mundo!

En Madrid, en Bilbao, en Santander,
los cementerios fueron bombardeados,
y los muertos inmortales,
de vigilantes huesos y hombro eterno, de las tumbas,
los muertos inmortales, de sentir, de ver, de oír
tan bajo el mal, tan muertos a los viles agresores,
reanudaron entonces sus penas inconclusas,
acabaron de llorar, acabaron
de sufrir, acabaron de vivir,
acabaron, en fin, de ser mortales!

¡Y la pólvora fue, de pronto, nada,
cruzándose los signos y los sellos,
ya la explosión salióle al paso un paso,
y al vuelo a cuatro patas, otro paso
y al cielo apocalíptico, otro paso
y a los siete metales, la unidad,
sencilla, justa, colectiva, eterna.

¡Málaga sin padre ni madre
ni piedrecilla, ni horno, ni perro blanco!
¡Málaga sin defensa, donde nació mi muerte dando
pasos
y murió de pasión mi nacimiento!
¡Málaga caminando tras de tus pies, en éxodo,
bajo el mal, bajo la cobardía, bajo la historia cóncava,
indecible,
con la yema en tu mano: tierra orgánica!
y la clara en la punta del cabello: todo el caos!
¡Málaga huyendo
de padre a padre, familiar, de tu hijo a tu hijo,
a lo largo del mar que huye del mar,
a través del metal que huye del plomo,
a ras del suelo que huye de la tierra
y a las órdenes ¡ay!
de la profundidad que te quería!
¡Málaga a golpes, a fatídico coágulo, a bandidos, a
infiernazos
a cielazos,
andando sobre duro vino, en multitud,
sobre la espuma lila, de uno en uno,
sobre huracán estático y más lila,
y al compás de las cuatro órbitas que aman

y de las dos costillas que se matan!
¡Málaga de mi sangre diminuta
y mi coloración a gran distancia,
la vida sigue con tambor a tus honores alazanes,
con cohetes, a tus niños eternos
y con silencio a tu último tambor,
con nada, a tu alma,
y con más nada, a tu esternón genial!
¡Málaga, no te vayas con tu nombre!
¡Que si te vas,
te vas
toda, hacia ti, infinitamente toda en son total,
concorde con tu tamaño fijo en que me aloco,
con tu suela feraz y su agujero
y tu navaja antigua, atada a tu hoz enferma
y tu madero atado a un martillo!
¡Málaga literal y malagueña,
huyendo a Egipto, puesto que estás clavada,
alargando en sufrimiento idéntico tu danza,
resolviéndose en ti el volumen de la esfera,
perdiendo tu botijo, tus cánticos, huyendo
con tu España exterior y tu orbe innato!
¡Málaga por derecho propio
y en el jardín biológico, más Málaga!
¡Málaga, en virtud
del camino, en atención al lobo que te sigue
y en razón del lobezno que te espera!
¡Málaga, que estoy llorando!
¡Málaga, que lloro y lloro!

III. Solía escribir con su dedo grande en el aire...

Solía escribir con su dedo grande en el aire:
«¡Viban los compañeros! Pedro Rojas»,
de Miranda de Ebro, padre y hombre,
marido y hombre, ferroviario y hombre,
padre y más hombre. Pedro y sus dos muertes.

Papel de viento, lo han matado: ¡pasa!
Pluma de carne, lo han matado: ¡pasa!
¡Abisa a todos compañeros pronto!

Palo en el que han colgado su madero,
lo han matado;
¡lo han matado al pie de su dedo grande!
¡Han matado, a la vez, a Pedro, a Rojas!

¡Viban los compañeros
a la cabecera de su aire escrito!
¡Viban con esta b del buitre en las entrañas
de Pedro
y de Rojas, del héroe y del mártir!

Registrándole, muerto, sorprendiéronle
en su cuerpo un gran cuerpo, para
el alma del mundo,
y en la chaqueta una cuchara muerta.

Pedro también solía comer
entre las criaturas de su carne, asear, pintar
la mesa y vivir dulcemente
en representación de todo el mundo.

Y esta cuchara anduvo en su chaqueta,
despierto o bien cuando dormía, siempre,
cuchara muerta viva, ella y sus símbolos.
¡Abisa a todos compañeros pronto!
¡Viban los compañeros al pie de esta cuchara para
siempre!

Lo han matado, obligándole a morir
a Pedro, a Rojas, al obrero, al hombre, a aquel
que nació muy niñín, mirando al cielo,
y que luego creció, se puso rojo
y luchó con sus células, sus nos, sus todavías, sus
hambres, sus pedazos.

Lo han matado suavemente
entre el cabello de su mujer, la Juana Vázquez,
a la hora del fuego, al año del balazo
y cuando andaba cerca ya de todo.

Pedro Rojas, así, después de muerto
se levantó, besó su catafalco ensangrentado,
lloró por España
y volvió a escribir con el dedo en el aire:
«¡Viban los compañeros! Pedro Rojas».

Su cadáver estaba lleno de mundo.

IV. Los mendigos pelean por España...

Los mendigos pelean por España,
mendigando en París, en Roma, en Praga
y refrendando así, con mano gótica, rogante,
los pies de los Apóstoles, en Londres, en New York, en
México.
Los pordioseros luchan suplicando infernalmente
a Dios Por Santander,
la lid en que ya nadie es derrotado.
Al sufrimiento antiguo
danse, encarnízanse en llorar plomo social
al pie del individuo,
y atacan a gemidos, los mendigos,
matando con tan solo ser mendigos.

Ruegos de infantería,
en que el arma ruega del metal para arriba,
y ruega la ira, más acá de la pólvora iracunda.
Tácitos escuadrones que disparan,
con cadencia mortal, su mansedumbre,
desde un umbral, desde sí mismos, ¡ay! desde sí
mismos.
Potenciales guerreros
sin calcetines al calzar el trueno,
satánicos, numéricos,
arrastrando sus títulos de fuerza,
migaja al cinto,
fusil doble calibre: sangre y sangre.
¡El poeta saluda al sufrimiento armado!

V. Imagen española de la muerte

¡Ahí pasa! ¡Llamadla! ¡Es su costado!
¡Ahí pasa la muerte por Irún:
sus pasos de acordeón, su palabrota,
su metro del tejido que te dije,
su gramo de aquel peso que he callado... ¡si son ellos!

¡Llamadla! Daos prisa! Va buscándome en los
rifles,
como que sabe bien dónde la venzo,
cuál es mi maña grande, mis leyes especiosas, mis
códigos terribles.
¡Llamadla! Ella camina exactamente como un hombre,
entre las fieras,
se apoya de aquel brazo que se enlaza a nuestros pies
cuando dormimos en los parapetos
y se para a las puertas elásticas del sueño.

¡Gritó! ¡Gritó! ¡Gritó su grito nato, sensorial!
Gritara de vergüenza, de ver cómo ha caído entre las
plantas,
de ver cómo se aleja de las bestias,
de oír cómo decimos: ¡Es la muerte!
¡De herir nuestros más grandes intereses!

(Porque elabora su hígado la gota que te dije,
camarada;
porque se come el alma del vecino)

¡Llamadla! Hay que seguirla

hasta el pie de los tanques enemigos,
que la muerte es un ser sido a la fuerza,
cuyo principio y fin llevo grabados
a la cabeza de mis ilusiones,
por mucho que ella corra el peligro corriente
que tú sabes
y que haga como que hace que me ignora.

¡Llamadla! No es un ser, muerte violenta,
sino, apenas, lacónico suceso;
más bien su modo tira, cuando ataca,
tira a tumulto simple, sin órbitas ni cánticos de dicha;
más bien tira su tiempo audaz, a céntimo impreciso
y sus sordos quilates, a déspotas aplausos.
Llamadla, que en llamándola con saña, con figuras,
se la ayuda a arrastrar sus tres rodillas,
como, a veces,
a veces duelen, punzan fracciones enigmáticas,
globales,
como, a veces, me palpo y no me siento.

¡Llamadla! ¡Daos prisa! Va buscándome,
con su cognac, su pómulo moral,
sus pasos de acordeón, su palabrota.
¡Llamadla! No hay que perderle el hilo en que la
lloro.
De su olor para arriba, ¡ay de mi polvo, camarada!
De su pus para arriba, ¡ay de mi férula, teniente!
De su imán para abajo, ¡ay de mi tumba!

VI. Cortejo tras la toma de Bilbao

Herido y muerto, hermano,
criatura veraz, republicana, están andando en su
trono,
desde que tu espinazo cayó famosamente;
están andando, pálido, en tu edad flaca y anual,
laboriosamente absorta ante los vientos.

Guerrero en ambos dolores,
siéntate a oír, acuéstate al pie del palo súbito,
inmediato de tu trono;
voltea;
están las nuevas sábanas, extrañas;
están andando, hermano, están andando.

Han dicho «¡Como! ¡Dónde!...», expresándose
en trozos de paloma,
y en los niños suben sin llorar a tu polvo.
Ernesto Zúñiga, duerme con la mano puesta,
con el concepto puesto,
en descanso tu paz, en paz tu guerra.

Herido mortalmente de vida, camarada,
camarada jinete,
camarada caballo entre hombre y tierra,
tus huesecillos de alto y melancólico dibujo
forman pompa española,
laureada de finísimos andrajos.

Siéntate, pues, Ernesto,

oye que están andando, aquí, en tu trono,
desde que tu tobillo tiene canas.
¿Qué trono?
¡Tu zapato derecho! ¡Tu zapato!

VII. Varios días el aire, compañeros...

Varios días el aire, compañeros,
muchos días el viento cambia de aire,
el terreno, de filo,
de nivel el fusil republicano.
Varios días España está española.

Varios días el mal
moviliza sus órbitas, se abstiene,
paraliza sus ojos escuchándolos.
Varios días orando con sudor desnudo,
los milicianos cuélganse del hombre.
Varios días, el mundo, camarada,
el mundo está español hasta la muerte.

Varios días ha muerto aquí el disparo
y ha muerto el cuerpo en su papel de espíritu
y el alma es ya nuestra alma, compañeros.
Varios días el cielo,
éste, el del día, el de la pata enorme.

Varios días, Gijón;
muchos días, Gijón;
mucho tiempo, Gijón;
mucha tierra, Gijón;
mucho hombre, Gijón;
y mucho dios, Gijón,
muchísimas Españas ¡ay! Gijón.

Camaradas,
varios días el viento cambia de aire.

VIII. Aquí, Ramón Collar...

Aquí,
Ramón Collar,
prosigue tu familia soga a soga,
se sucede,
en tanto que visitas, tú, allá, a las siete espadas, en
Madrid,
en el frente de Madrid.

¡Ramón Collar, yuntero
y soldado hasta yerno de tu suegro,
marido, hijo limítrofe del viejo Hijo del Hombre!
Ramón de pena, tú, Collar valiente,
paladín de Madrid y por cojones; Ramonete,
aquí,
los tuyos piensan mucho en tu peinado!

¡Ansiosos, ágiles de llorar, cuando la lágrima!
¡Y cuando los tambores, andan; hablan
delante de tu buey, cuando la tierra!

¡Ramón! ¡Collar! ¡A ti! ¡Si eres herido,
no seas malo en sucumbir: ¡refrénate!
Aquí,
tu cruel capacidad está en cajitas;
aquí,
tu pantalón oscuro, andando el tiempo,
sabe ya andar solísimo, acabarse;
aquí,
Ramón, tu suegro, el viejo,

te pierde a cada encuentro con su hija!

¡Te diré que han comido aquí tu carne,
sin saberlo,
tu pecho, sin saberlo,
tu pie;
pero cavilan todos en tus pasos coronados de polvo!

¡Han rezado a Dios,
aquí;
se han sentado en tu cama, hablando a voces
entre tu soledad y tus cositas;
no sé quién ha tomado tu arado, no sé quién
fue a ti, ni quién volvió de tu caballo!

¡Aquí, Ramón Collar, en fin, tu amigo!
¡Salud!, hombre de Dios, mata y escribe.

IX. Pequeño responso a un héroe de la República

Un libro quedó al borde de su cintura muerta,
un libro retoñaba de su cadáver muerto.
Se llevaron al héroe,
y corpórea y aciaga entró su boca en nuestro aliento;
sudamos todos, el ombligo a cuestas;
caminantes las lunas nos seguían;
también sudaba de tristeza el muerto.

Y un libro, en la batalla de Toledo,
un libro, atrás un libro, arriba un libro, retoñaba del
cadáver.

Poesía del pómulo morado, entre el decirlo
y el callarlo,
poesía en la carta moral que acompañara
a su corazón.
Quedóse el libro y nada más, que no hay
insectos en la tumba,
y quedó al borde (le su manga, el aire remojándose
y haciéndose gaseoso, infinito.

Todos sudamos, el ombligo a cuestas,
también sudaba de tristeza el muerto
y un libro, yo lo vi sentidamente,
un libro, atrás un libro, arriba un libro
retoño del cadáver ex abrupto.

X. Invierno en la batalla de Teruel

¡Cae agua de revólveres lavados!
Precisamente,
es la gracia metálica del agua,
en la tarde nocturna en Aragón,
no obstante las construidas yerbas,
las legumbres ardientes, las plantas industriales.

Precisamente,
es la rama serena de la química,
la rama de explosivos en un pelo,
la rama de automóviles en frecuencia y adioses.

Así responde el hombre, así, a la muerte,
así mira de frente y escucha de costado,
así el agua, al contrario de la sangre, es de agua,
así el fuego, al revés de la ceniza, alisa sus rumiantes
ateridos.

¿Quién va, bajo la nieve? ¿Están matando? No.
Precisamente,
va la vida coleando, con su segunda soga.

¡Y horrísima es la guerra, solivianta,
lo pone a uno largo, ojoso;
da tumba la guerra, da caer,
da dar un salto extraño de antropoide!
Tú lo hueles, compañero, perfectamente,
al pisar,
por distracción tu brazo entre cadáveres;

tú lo ves, pues tocaste tus testículos poniéndote
rojísimo;
tú lo oyes en tu boca de soldado natural.

Vamos, pues, compañero;
nos espera tu sombra apercibida,
nos espera tu sombra acuartelada,
mediodía capitán, noche soldado raso...
Por eso, al referirme a esta agonía,
aléjome de mí gritando fuerte:
¡Abajo mi cadáver!... Y sollozo.

XI. Miré el cadáver, su raudo orden visible

Miré el cadáver, su raudo orden visible
y el desorden lentísimo de su alma;
le vi sobrevivir; hubo en su boca
la edad entrecortada de dos bocas.
Le gritaron su número: pedazos.
Le gritaron su amor: ¡más le valiera!
Le gritaron su bala: «¡también muerta!»

Y su orden digestivo sosteníase
y el desorden de su alma, atrás, en balde.
Le dejaron y oyeron, y es entonces
que el cadáver
casi vivió en secreto, en un instante;
mas le auscultaron mentalmente, ¡y fechas!
lloránrole al oído, ¡y también fechas!

XII. Masa

Al fin de la batalla,
y muerto el combatiente, vino hacia él un hombre
y le dijo: «No mueras, te amo tanto!»
Pero el cadáver ¡ay! siguió muriendo.

Se le acercaron dos y repitiéronle:
«No nos dejes! ¡Valor! ¡Vuelve a la vida!»
Pero el cadáver ¡ay! siguió muriendo.

Acudieron a él veinte, cien, mil, quinientos mil,
clamando: «Tanto amor, y no poder nada contra la
muerte!»
Pero el cadáver ¡ay! siguió muriendo.

Le rodearon millones de individuos,
con un ruego común: «¡Quédate hermano!»
Pero el cadáver ¡ay! siguió muriendo.

Entonces, todos los hombres de la tierra
le rodearon; les vio el cadáver triste, emocionado;
incorporóse lentamente,
abrazó al primer hombre; echóse a andar.

XIII. Redoble fúnebre a los escombros de Durango

Padre polvo que subes de España,
Dios te salve, libere y corone,
padre polvo que asciendes del alma.

Padre polvo que subes del fuego,
Dios te salve, te calce y dé un trono,
padre polvo que estás en los cielos.

Padre polvo, biznieto del humo,
Dios te salve y ascienda a infinito,
padre polvo, biznieto del humo.

Padre polvo en que acaban los justos,
Dios te salve y devuelva a la tierra,
padre polvo en que acaban los justos.

Padre polvo que creces en palmas,
Dios te salve y revista de pecho,
padre polvo, terror de la nada.

Padre polvo, compuesto de hierro,
Dios te salve y te dé forma de hombre,
padre polvo que marchas ardiendo.

Padre polvo, sandalia de paria,
Dios te salve y jamás te desate,
padre polvo, sandalia del paria.

Padre polvo que avientan los bárbaros,

Dios te salve y te ciña de dioses,
padre polvo que escoltan los átomos.

Padre polvo, sudario del pueblo,
Dios te salve del mal para siempre,
padre polvo español, padre nuestro.

Padre polvo que vas al futuro,
Dios te salve, te guíe y te dé alas,
padre polvo que vas al futuro.

XIV. ¡Cuídate, España, de tu propia España!

¡Cuídate, España, de tu propia España!
¡Cuídate de la hoz sin el martillo,
cuídate del martillo sin la hoz!
¡Cuídate de la víctima a pesar suyo,
del verdugo a pesar suyo
y del indiferente a pesar suyo!
¡Cuídate del que, antes de que cante el gallo,
negárate tres veces,
y del que te negó, después, tres veces!
¡Cuídate de las calaveras sin las tibias,
y de las tibias sin las calaveras!
¡Cuídate de los nuevos poderosos!
¡Cuídate del que come tus cadáveres,
del que devora muertos a tus vivos!
¡Cuídate del leal ciento por ciento!
¡Cuídate del cielo más acá del aire
y cuídate del aire más allá del cielo!
¡Cuídate de los que te aman!
¡Cuídate de tus héroes!
¡Cuídate de tus muertos!
¡Cuídate de la República!
¡Cuídate del futuro!...

XV. España, aparta de mí este cáliz

Niños del mundo,
si cae España —digo, es un decir—
si cae
del cielo abajo su antebrazo que asen,
en cabestro, dos láminas terrestres;
niños, ¡qué edad la de las sienes cóncavas!
¡qué temprano en el sol lo que os decía!
¡qué pronto en vuestro pecho el ruido anciano!
¡qué viejo vuestro 2 en el cuaderno!

¡Niños del mundo, está
la madre España con su vientre a cuestas;
está nuestra madre con sus férulas,
está madre y maestra,
cruz y madera, porque os dio la altura,
vértigo y división y suma, niños;
está con ella, padres procesales!

Si cae —digo, es un decir— si cae
España, de la tierra para abajo,
niños ¡cómo vais a cesar de crecer!
¡cómo va a castigar el año al mes!
¡cómo van a quedarse en diez los dientes,
en palote el diptongo, la medalla en llanto!
¡Cómo va el corderillo a continuar
atado por la pata al gran tintero!
¡Cómo vais a bajar las gradas del alfabeto
hasta la letra en que nació la pena!

Niños,
hijos de los guerreros, entre tanto,
bajad la voz que España está ahora mismo
repartiendo
la energía entre el reino animal,
las florecillas, los cometas y los hombres.
¡Bajad la voz, que está
con su rigor, que es grande, sin saber
qué hacer, y está en su mano
la calavera hablando y habla y habla,
la calavera, aquélla de la trenza;
la calavera, aquélla de la vida!

¡Bajad la voz, os digo;
bajad la voz, el canto de las sílabas, el llanto
de la materia y el rumor menos de las pirámides, y
aún
el de las sienes que andan con dos piedras!
¡Bajad el aliento, y si
el antebrazo baja,
si las férulas suenan, si es la noche,
si el cielo cabe en dos limbos terrestres,
si hay ruido en el sonido de las puertas,
si tardo,
si no veis a nadie, si os asustan
los lápices sin punta, si la madre
España cae —digo, es un decir—,
salid, niños, del mundo; id a buscarla!...

Libros a la carta

A la carta es un servicio especializado para
empresas,
librerías,
bibliotecas,
editoriales
y centros de enseñanza;
y permite confeccionar libros que, por su formato y concepción, sirven a los propósitos más específicos de estas instituciones.

Las empresas nos encargan ediciones personalizadas para marketing editorial o para regalos institucionales. Y los interesados solicitan, a título personal, ediciones antiguas, o no disponibles en el mercado; y las acompañan con notas y comentarios críticos.

Las ediciones tienen como apoyo un libro de estilo con todo tipo de referencias sobre los criterios de tratamiento tipográfico aplicados a nuestros libros que puede ser consultado en Linkgua-ediciones.com.

Linkgua edita por encargo diferentes versiones de una misma obra con distintos tratamientos ortotipográficos (actualizaciones de carácter divulgativo de un clásico, o versiones estrictamente fieles a la edición original de referencia).

Este servicio de ediciones a la carta le permitirá, si usted se dedica a la enseñanza, tener una forma de hacer pública su interpretación de un texto y, sobre una versión digitalizada «base», usted podrá introducir interpretaciones del texto fuente. Es un tópico que los profesores denuncien en clase los desmanes de una edición, o vayan comentando errores de interpretación de un texto y esta es una solución útil a esa necesidad del mundo académico.

Asimismo publicamos de manera sistemática, en un mismo catálogo, tesis doctorales y actas de congresos académicos, que son distribuidas a través de nuestra Web.

El servicio de «libros a la carta» funciona de dos formas.

1. Tenemos un fondo de libros digitalizados que usted puede personalizar en tiradas de al menos cinco ejemplares. Estas personalizaciones pueden ser de todo tipo: añadir notas de clase para uso de un grupo de estudiantes, introducir logos corporativos para uso con fines de marketing empresarial, etc. etc.

2. Buscamos libros descatalogados de otras editoriales y los reeditamos en tiradas cortas a petición de un cliente.

www.ingramcontent.com/pod-product-compliance
Lightning Source LLC
La Vergne TN
LVHW101931220826
846093LV00009B/427

* 9 7 8 8 4 9 0 0 7 1 3 3 5 *